Había una mosquita,
pero muy pequeñita

que se llamaba Lucía.

Le gustaba volar
de lugar a lugar

buscando a ver qué comía.

Hasta que por fin
molestó a un chiquitín

cuando una nieve lamía.

El chiquitín lloró,
la mamá corrió.

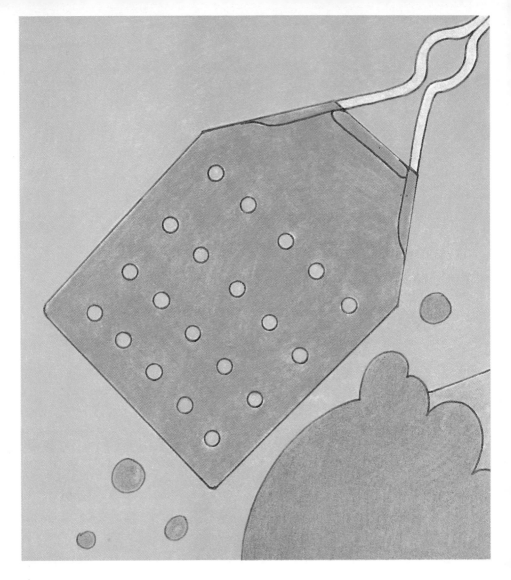

¡Zaz! pobrecita Lucía.